Alfred SISLEY par Renoir

Sisley.

PAR GUSTAVE GEFFROY

SISLEY

Je n'ai connu Sisley que sur le tard de sa vie, Il était parfois des dîners mensuels des Impressionnistes, au Café Riche, où se rencontraient régulièrement Claude Monet, Camille Pissarro, Auguste Renoir, Gustave Caillebotte, le docteur de Bellio, Théodore Duret, Octave Mirbeau, Stephane Mallarmé. La santé de Sisley était déjà fragile en ces années 1890-94 où je fus admis au nombre des convives, et je ne fis qu'entrevoir l'artiste jusqu'au jour où il me demanda de faire le facile voyage de Moret, où il habitait. J'y allai, en compagnie de mon ami regretté, Désiré Louis, et nous fûmes reçus admirablement par Sisley, Mme et Mlle Sisley, dans leur maison mi-bourgeoise, mi-rustique, sise dans la ville même. Là, je fis mieux connaissance avec la peinture du maître du logis, dont j'avais admiré un ensemble à une exposition du boulevard des Capucines, en 1883. Hélas ! nombre de toiles qui figuraient à cette exposition étaient encore accrochées au mur ou entassées dans les recoins. La vogue

n'était pas venue à Sisley comme elle commençait pour
Monet, et il ne fallait pas longtemps pour deviner la
tristesse sous l'apparence de la résignation et les paroles
enjouées de celui qui me faisait mélancoliquement les
honneurs de son logis.

Cette journée si parfaite d'accueil et d'amitié est restée
pour moi empreinte de ce sentiment deviné chez l'artiste
vieillissant qui semblait pressentir que jamais, de son
vivant, un rayon de la gloire ne viendrait briller sur son
art. C'est aussi sans doute parce que ceux et celles que je
vis ce jour là sont partis, même Mlle Jeanne Sisley,
alors dans tout l'éclat de la jeunesse et de la beauté.
Pourtant, tout fut magnifique et harmonieux. Après la
matinée passée à l'atelier et le déjeuner, tout le monde
partit en char-à-bancs pour Moret, les rives du Loing
et la forêt de Fontainebleau dont Sisley fit les honneurs
avec un charme de conversation inoubliable. Lettré
comme il était artiste, il montrait et expliquait les choses
avec les mots justes, et je n'ai pas oublié la splendeur des
arbres, des clairières, des rochers, qu'il commentait si
poétiquement, ni le récit de la vie des riverains dont il
connaissait tous les détails et toutes les péripéties comme
il pouvait les connaître par sa vie studieuse et réfléchie

passée au bord de l'eau, sous les peupliers dont le feuillage frémit encore sur ses toiles.

Nous ne nous séparâmes qu'au soir, et je ne le revis qu'à Paris où il fit des apparitions de plus en plus espacées, jusqu'au jour de janvier 1899, où je reçus de Claude Monet une lettre m'annonçant la mort de son ami : « ... *Le pauvre Sisley m'avait fait demander de venir le voir, il y a huit jours, et j'avais bien vu, ce jour-là, que c'était un dernier adieu qu'il voulait faire. Pauvre ami, pauvres enfants !* »

Alfred Sisley mourut donc à 60 ans. Il était né à Paris, le 30 octobre 1839, de père et de mère anglais qui le destinèrent au commerce et l'envoyèrent à 18 ans en Angleterre. Il y resta quelques années, mais y apprit surtout la peinture auprès de Turner et de Constable, et la littérature devant les pièces de Shakespeare. Quand il revint, il avait la volonté d'être peintre, et il entra à l'atelier de Gleyre en 1862. Atelier médiocre, mais bons compagnons, car il y rencontra Monet, Renoir, Bazille. L'un de ceux-ci, Claude Monet, a raconté à un journaliste d'*Excelsior*, Marcel Pays, en 1921, comment il quitta Gleyre et son enseignement en entraînant ses camarades :

« *Je trouvais, — dit-il, — chez Gleyre, Renoir, Sisley et Bazille... Comme nous dessinions d'après un modèle, d'ailleurs superbe, Gleyre critiqua mon travail :*

— Ce n'est pas mal, mais le sein est lourd, l'épaule trop puissante, et le pied excessif.

— Je ne peux dessiner que ce que je vois, — répliquai-je timidement.

— Praxitèle empruntait les meilleurs éléments de cent modèles imparfaits pour créer un chef-d'œuvre, — riposta sèchement Gleyre. — Quand on fait quelque chose, il faut penser à l'antique !

Le soir même, je pris à part Sisley, Renoir et Bazille :

— Filons d'ici, leur dis-je. L'endroit est malsain : on y manque de sincérité.

Nous partîmes après quinze jours de leçons de cette force... Et bien nous en prit, car je ne sache pas qu'aucun des forts en thème de l'atelier ait fait rien qui vaille.

Sisley parti avec ses amis devint comme eux un paysagiste, malgré quelques représentations de la figure humaine par des portraits et des scènes d'intérieur et de plein air où des personnages passent et se groupent. Ainsi, la *Leçon*, un incontestable chef-d'œuvre : deux enfants, assis, accoudés à une table ronde, qui étudient.

L'intérieur a le charme ancien d'une cheminée de marbre
blanc et noir, surmontée d'une pendule et de fleurs
dans des pots. La fenêtre, qu'on ne voit pas, est cer-
tainement ouverte, et la lumière, fragile et somptueuse
lumière des paysages de Sisley, entre à flots, anime douce-
ment les ombres, s'accroche aux flancs des vases, chante au
contact des bouquets, dore les franges de coton du dessus
de cheminée, reluit au bois ciré de la table, caresse le
sarreau clair de l'écolier penché sur sa page et la nuque
attentive de l'écolière. Tout est silence, recueillement,
étude, on entend le tic-tac de la pendule d'albâtre.

Mais voici le paysagiste.

Ce n'est pas, quoiqu'on en ait parfois dit, un genre facile
et inférieur que la peinture de paysage. J'ai entendu
Renoir, qui fut à la fois paysagiste et peintre de figures,
affirmer au contraire que l'œuvre la plus difficile à con-
cevoir et à exécuter était le paysage, féerie changeante
et fugitive pour la vision et pour l'esprit. Que le genre
passe pour facile, c'est donc une opinion superficielle.
Il n'est guère de débutant dans la peinture qui ne com-
mence par peindre résolument le ciel, la terre et l'eau.
La vérité, c'est qu'un paysage comporte autant de nuances,
autant de passages rapides d'expressions, qu'un visage,

et que c'est vouloir résoudre un des plus grands problèmes
artistiques que d'essayer sur une toile la représentation
des choses et des heures, de l'éternelle matière et de la
lumière solaire. Pour une telle résurrection des aspects
et des phénomènes, le goût de l'arrangement et l'habileté
de l'ébauche sont insuffisants. Il faut être né avec la
compréhension et l'amour de la nature, avec le don de
raconter son esprit en racontant les spectacles contemplés.
La vocation ne s'improvise pas, et les grands noms sont
aussi rares qu'ailleurs dans la peinture de paysage.

Un de ces noms est celui d'Alfred Sisley. Il eut le
tort de persister aux Salons que désertèrent judicieusement
ses amis Monet, Pissarro, Renoir. Au Salon il est difficile
de distinguer une sensibilité individuelle dans les amas des
toiles disparates accrochées les unes auprès des autres. Un
tableau exige l'isolement ou des voisinages harmonieux. Ce
n'est pas le cas dans les halles de la peinture où les formes,
les mouvements, les couleurs s'enchevêtrent. On pouvait
bien voir, dans les reproductions du Loing, des coteaux
de Saint-Mammès, des aspects de Moret, la délicatesse
de la clarté bleuâtre ou rose où s'adoucissaient les maisons,
les collines, les ruisseaux, dans un échange de tendres
reflets. On devinait la chaleur de l'atmosphère, le nuan-

cement des verdures dans la lumière, la force de végétation qui envahit les chemins d'herbe et les bords d'étangs où croissent les roseaux et les lentilles d'eau. On admirait les ciels mirés dans la rivière, les arbres alignés au long des berges. On ne pouvait voir toute la nouveauté et toute la force de cet art qui avait des contacts forcés avec les œuvres des autres maîtres impressionnistes, puisque Sisley avait fait avec eux les mêmes découvertes, mais qui révèle pleinement aujourd'hui son caractère individuel. Placez un paysage de Sisley auprès de paysages de Monet, Pissarro, Renoir, vous constaterez l'air de famille, mais en même temps les différences.

Chez Sisley, comme chez les autres, on chercherait inutilement les traces des violences imaginaires reprochées au groupe des impressionnistes.

Je songe à tant de belles pages dispersées où la poésie de l'artiste a évoqué la nature. Parfois auprès d'une grande ville. Ce délicat sut exprimer ce qu'il y a de malsain, d'inquiétant, de sordide, dans un ciel fuligineux, un sol sans fleurs, des silhouettes furtives, des bicoques plantées de travers sur un remblai. Sur l'eau trouble, des bateaux noirs, crachant de la fumée à pleines cheminées. Des pêcheurs sur des barques amarrées à des pieux, des laveuses. Au fond, cependant, sur le coteau boisé, un essaim de maisonnettes blanches.

Seul avec la nature, Sisley n'a point de ces sombres accents. Je le préfère solitaire. Là, il apprend son métier. Il évoque un village au bord de l'eau, songe à Corot devant la rivière et le ciel, à Courbet devant le sol et les arbres. Sisley, peintre des peupliers argentés qui frémissent dans l'air, des fleuves aux allègres courbes qui recueillent au passage et mêlent puissamment les reflets des choses immobiles sur les rives, Sisley, nerveux chantre de l'instable, du perpétuel devenir, s'arrête parfois à conter le paisible bonheur d'un village endormi sous un ciel sans tourment, au bord d'une rivière qui répète en profondeur et en surface les images des murs bas, des chènes mordorés.

Ce n'est que le commencement de Sisley. Dès 1877, devant Saint-Cloud, sa personnalité s'anime, il approfondit le ciel bleu où des nuages d'argent s'amoncellent, où l'air circule derrière les cumulus. La colline couronnée de l'église monte verte et blanche des frondaisons et des villas qui dévalent jusqu'au pont aux larges arches sur la Seine. Les peupliers d'Italie, touffus, d'un vert plus sombre que l'étendue d'herbes folles où serpente un sentier blanc, bientôt envahi, perdu. Au fond de l'eau, la pointe du clocher ; à plus de profondeur, les nuages ; à l'infini, le bleu.

Il aime le tracé des routes, tortueuses, bossuées, qui vont vers l'horizon du tableau et parfois tournent brusquement, entourant quelque maisonnette aux murs blancs, quelque maison de paysan que Sisley sût voir revêtue de gemmes par le soleil, quelque bouquet d'arbres aux silhouettes frissonnantes où parmi les jaunes et les verts le bleu du ciel transparait. Ce ciel s'étend, l'air circule, blond et léger. Des personnages causent, font apercevoir la grandeur du paysage. Comme Boudin, Jongkind, Corot, Monet, l'artiste est de plus en plus un peintre de ciels, ciels vastes et tranquilles où palpite, de l'horizon bas au zénith, un feu doux et rose, nuancé de bleu tendre. Tout ce bonheur descend sur la terre. La plaine fertile est coupée de mols vallonnements. Les arbres fruitiers dressent leurs bouquets diaprés de couleurs. Les travailleurs de la terre, debout, appuyés sur leurs outils, sont minuscules au milieu de ces grandioses étendues. Au loin, très loin, des habitations humaines, chacune grosse comme un dé. Et l'on songe au vers magnifique :

Une immense bonté tombait du firmament...

La joie paisible d'une matinée de Septembre s'éclaire des feux roses de l'aurore, une ligne de bouleaux aux troncs d'argent luit dans la campagne. L'eau vive reflète un village, la rive d'herbe encore verte est humide de rosée, une ample rangée de peupliers épouse la courbe de la rivière. Une femme se promène. Un prodige accorde ces deux aspects si différents, l'un rose, mauve et diffus, l'autre âpre et vert. Autres aspects. Le crépuscule s'oppose à l'aurore. Il fait jour encore dans le ciel, mais sombre sur la terre. Un bois appartient déjà à la nuit. C'est l'hiver. Du sol noir s'élancent, plus noirs encore, noueux, tordus, des squelettes de pommiers. Leurs branches, sur la pâleur du ciel crépusculaire, se détachent en bras de suppliants. On songe à tant de soirs parmi les champs, les sentiers, où l'on a cru voir les arbres dépouillés, agités par le vent, gesticuler une danse macabre au-dessus des talus et des haies.

Peu à peu, l'art de Sisley s'achemine vers la région où il trouvera son asile. Il peint les prairies et les vergers de Thomery, se délecte au vert émeraude de l'herbe, au robuste noyer de feuillage dru, à l'ombre dense où s'abritent des silhouettes claires d'enfants. La rivière brille entre deux sombres berges. Un coteau boisé, d'humbles maisons, une minuscule église, un pan de ciel bleu, des verts transparents aux feuilles, du vermillon aux toits, les saphirs du zénith réfléchis par l'onde, des transparences de verrières, la puissance du feu.

Et voici les bords du Loing, des saules, des peupliers, des matins beaux comme la jeunesse du monde, la rosée qui s'évapore en halo blond autour des cimes légères, l'ombre bleue d'un village, des barques sur le flanc au bord de la rivière, des bicoques belles de lumière comme des palais de légende, des clartés blanches et des clartés mauves, les feuilles argentées des saules qui palpitent sous une brise fraîche. Et voici le pont de Moret, le moulin, les trois peupliers tant de fois célébrés par Sisley.

Il peint le ciel de l'aube, la nuit qui règne encore, noire, sous les arches du pont, violette aux façades, aux feuillages engourdis. Bientôt le soleil va illuminer l'espace. C'est l'heure où l'on croit sentir le mouvement de la terre, et sa place dans le chœur des planètes.

Il peint un jour d'hiver, glacial et ensoleillé. La terre, le ciel, le canal, le squelette fin des arbres, tout est mauve, tirant sur le rose, l'air est doré. Trois chemins parallèles, développés en profondeur, conduisent au lointain bordé

de peupliers. Au bord de l'eau métallique cheminent
un homme sombre et un cheval clair, tous deux minuscules auprès de la haie vive qui pétille, ardente de couleur.
L'atmosphère est si pure que si l'homme sombre pousse
un cri, les trois chemins et le canal en porteront l'écho
jusqu'aux voûtes du monde.

Il peint d'un éclat magnifique les chalands sur le Loing,
le ciel clair, infini, son reflet cristallin dans l'eau. Les chalands plats, amarrés, aux bordures noires marquées de
blanc et de vermillon, des maisons basses que le miroir
mouvant repète, des bouquets d'arbres, une étendue
d'herbe fleurie d'où surgissent quatre hauts peupliers,
une symphonie de tons francs, frais et purs. Un abîme
de clarté heureuse, le ciel dans l'eau, l'immensité captive.

Il peint l'église de Moret, érigée au-dessus des roseaux
enchevêtrés, verts et jaunes, des herbes roussies, des
maisons serrées autour de la tour, des arbres, de l'eau
qui charrie le cuivre et le rouge du couchant. Au dessus
de l'eau, des maisons, des verdures, de l'église, le dôme
d'un ciel pesant où le soleil qu'on ne voit plus a laissé
de la flamme, fauve paysage ardent comme l'été, peint
avec fougue de grands traits épais et rugueux, angoissé
comme la nature en attente d'orage.

Il peint le pont de Moret, au matin, après la pluie. L'atmosphère est pure et fraîche, les masses des maisons et des arbres s'inscrivent nettes dans l'air pur, sans halo de brume ni de clarté solaire réverbérée. Le pont rustique de Moret déploie ses arches de chaque côté du moulin, en avant de maisons aux toits tutélaires, de constructions basses, villageoises, d'un bois touffu, des trois peupliers géants. Au ras de l'eau des roseaux qui se penchent. Un ciel calme, chargé de nimbes laiteux que pas un souffle ne pousse. La berge est verte, le pont et les maisons sont d'harmonie violette, plus près du rose que du bleu. Le Loing, clair, transparent, sans une ride, largement épandu, réfléchit les pierres et les verdures, les nuages et les roseaux. La rivière est profonde comme le ciel, elle a la même richesse de formes et de couleurs que le paysage qui s'y mire.

Combien de fois Sisley a-t-il représenté ce pont de Moret ! Il l'a maçonné de façon large et sommaire, d'un seul élan énergique. Quelle sûreté dans cette fougue, comme tout est bien à sa place, à son plan, dans sa lumière ! Sous quels ciels candides, nacrés, irisés de bleus et de roses, au-dessus de quelles eaux tranquilles ou bouillonnantes, s'arrondissent ses arches sombres, où les siècles ont empreint le passé. En avant de quels lointains paysages la construction massive apparait, changeant les maisons, les arbres, en apparitions légères qu'un souffle emporterait !

Le peintre quitte son paysage à l'automne, il le retrouve au printemps. Son Moret, son Loing, son pont, son moulin revivent dans la saison nouvelle. La jeunesse de la lumière transfigure la vieillesse des pierres. Au ciel, de légers cirrus voyagent, blancs comme le plumage des cygnes, et comme les cygnes se mouvant avec une majesté lente, sur le bleu profond du ciel semblable à un lac. L'eau de la rivière charrie, dirait-on, des pétales de roses, reflets tombés dans l'eau verte. Le courant est allègre et frémissant au contact des troncs grêles des arbres au feuillage vert tendre. Ce qui était une coulée de limon noir est devenu une corbeille triomphale bigarrée d'herbes et de fleurs éclatantes. Des lianes émergent à la surface miroitante de l'eau, comme avides de prendre leur part de la fête de la lumière. Sisley peint ces radieux poèmes à petits coups délicats de brosse, à menues touches passant du vert au rouge, du bleu au jaune, pures, diaprées, brillantes comme des pépites découvertes au soleil.

Les saisons passent, le froid revient, l'eau limoneuse

déferle. Le moulin, que domine la cathédrale, la tour, les maisons, toute la petite ville est martyrisée par l'hiver. Accablée d'ans et de souvenirs, elle reste coquette, malgré tout, comme une vieille encore heureuse de ses falbalas détruits. Au ciel, immobiles, menaçants, chargés d'ombre jusqu'au noir, s'amoncellent de tristes cumulus.

Sisley a ainsi trouvé sa région. C'est la lisière de la forêt de Fontainebleau, les petites villes échelonnées sur les bords de la Seine et du Loing, Moret, Saint-Mammès. Il fait quelques excursions ici et là, il va à Asnières et il remonte la Tamise, mais il en revient toujours au coin mouillé et feuillu où son talent est à l'aise, où les gens et les choses lui sont familiers. Il a choisi un pays et il s'y tient, épris de la tranquille rivière et de la silhouette calme de la petite ville. Il écrit ainsi son chapitre de l'histoire de notre sol, de nos eaux, de notre ciel. Il marque sa place dans la musée de paysages que laissera notre siècle. Qu'on n'aille pas se désespérant, qu'on ne dise pas que tout est fini après Rousseau, qui a peint la Forêt, Corot, qui a peint l'Artois et les bois parisiens, Courbet, qui a peint la Franche-Comté, etc... Il y a place sur les panneaux de ce musée pour ceux qui veulent continuer cette histoire de la

France et de sa terre par le pinceau, il y a place pour les ports de Boudin, pour la banlieue de Raffaelli, pour les falaises et les océans de Monet, — et aussi pour l'humble Loing, pour le paisible Saint-Mammës dont Sisley est le poète charmant.

Il a cherché à exprimer les accords qui règnent toujours, par tous les temps et par toutes les heures, entre les feuillages, l'eau et le ciel, et il y a réussi dans les toiles où le vieil or des arbres d'automne se reflète et se dissout dans l'eau verdâtre, où les lourds chalands passent dans l'ombre d'une lisière de bois, où quelque maison isolée semble heureuse sur la berge, dans la fraîcheur de l'air et le repos de la campagne.

Une personnalité vive apparaît dans ce labeur suivi, une joie de peintre rustique se révèle, une aptitude à voir la nature en décors délicatement profilés et nuancés. Il a voulu aussi les diffusions de la clarté, les orchestrations des tons. Il a cherché une nature appropriée au goût de son esprit et de son œil, et l'ayant trouvée, il a poursuivi sans cesse l'objet de son amour et de son étude. Il a aimé les bords de rivières, les lisières de bois, les villes et les villages entrevus à travers les arbres, les vieilles constructions enfouies dans la verdure, les soleils du matin en hiver, les après-midi d'été. Il a exprimé délicatement les effets produits par le feuillage uni à la pierre, par la fuite d'une rivière, par la végétation d'un coteau exposé au soleil. Il a été délicieux et subtil dans les indications de perspectives et les transparences d'atmosphère, ce qui lui a naturellement valu les accusations de brutalité et de maladresse. Mais les accusations s'évaporent et le charme de la peinture reste.

En dehors des Salons, lorsque Sisley fit des expositions d'ensemble de ses œuvres, le spectateur pût apprendre un chapitre de l'histoire de la peinture, vivre par la pensée une belle existence d'artiste. Je voudrais faire passer encore sous les yeux du lecteur les transpositions de quelques-unes des belles pages maintenant dispersées où s'est exprimé le génie particulier de ce poète méditatif que fut Sisley. Je revois cet ancien tableau (de 1868), le *Chemin bordant le parc de Courances*, une route dans l'herbe, une masse de verdure, une rase campagne, un aspect tranquille animé par un cabriolet incliné au trot d'un cheval blanc. Je le rapproche des toiles de l'automne de 1896, *Soleil couchant, Septembre*, la *Route de Saint-Mammès, Effet du soir :* ce n'est plus le feuillage d'un vert froid, la pâle lumière de la toile d'un débutant. Une chaleur de vie généreuse a maintenant envahi l'espace, toutes choses respirent et s'épanouissent dans une riche et féconde atmosphère qui distribue et équilibre la lumière, établit l'harmonie. Le tournant d'eau, la forme des arbres, le tapis de gazon, les silhouettes des personnages, participent à la chaude splendeur de la fin d'un beau jour. Il apparaît avec évidence que l'artiste de 1868 s'est développé, s'est épanoui, que son esprit de plus en plus méditant et ouvert s'est emparé de régions et de beautés nouvelles.

Après cette première comparaison entre le point de départ et le point d'arrivée, si l'on parcourt les étapes accomplies, on assiste au plus intéressant développement d'un talent, on sait tout ce qui compose la joie, la tristesse, la passion, d'une vie d'artiste. On connaît les recherches, les trouvailles, les avancées, les reculs et les nouveaux départs pour de sûres conquêtes.

Tout de suite après ses débuts, Alfred Sisley a traversé une période charmante, d'une manière à la fois fine et grasse, prudente et sûre. C'est, à peu près, pendant les années qui vont de 1872 à 1878. J'aime infiniment, dans cette note discrète et nuancée : la *Place de l'Abreuvoir à Marly*, sous la neige ; une vue de *Port-Marly*, le pavé de la

petite ville, les boutiques à contrevents, les géraniums aux
fenêtres ; la *Route de Mantes*, des petits arbres, deux
chevaux, un ciel bleu pâle ; une *Gelée blanche*, des arbres
à feuilles jaunies, une maison frileuse, un ciel pâle et
froid ; une *Futaie, effet d'automne* ; l'*Inondation*, des hommes
en barque, abordant une maison au seuil baigné d'eau ;
une autre *Inondation*, une maison au loin, un grand arbre
dépouillé trempant dans l'eau au premier plan, tout un
ensemble gris envahi de lueurs ternes, une sensation de
fleuve élargi, profond de force latente, calme et terrible ;
et bien d'autres.

Admirez maintenant que ce soient ces paysages si
étudiés, si savants, si sobres, qui aient offusqué le public
et déchaîné la critique. Ils ont figuré, en effet, à la première exposition du groupe impressionniste, chez Nadar,
boulevard des Capucines, et aux expositions suivantes,
où ils ont été accueillis, comme les œuvres de Monet,
Renoir, Cézanne, Pissarro, Berthe Morisot, Degas, par
des ricanements et des colères. Ils ont été vendus, à
l'Hôtel Drouot, sous les huées, et c'est à peine si quelques amateurs courageux ont osé les acquérir à des
prix qui variaient entre 50 francs et 300 francs.
Aujourd'hui, ils sont en honneur dans les galeries, et

aucun visiteur ne gesticule et ne vocifère. Pourquoi ?

Ces tableaux sont restés les mêmes, et leur nouveauté, qui paraissait, il y a vingt ans, folle et scandaleuse, se révèle aujourd'hui sage et rassurante, continuant simplement la tradition de la peinture, avec l'ajouté d'une personnalité. C'est que la personnalité surprend toujours, que la plus petite nuance de changement déroute. Au moins, ceux qui connaissent les musées, ceux qui écrivent sur l'art, ceux qui collectionnent des toiles, devraient savoir et expliquer aux autres cette loi de l'évolution continue et de l'originalité artistique.

Il n'en a pas été ainsi pour Sisley et ses amis. On les a laissés se débattre à peu près seuls contre les difficultés de chaque jour. C'est tant mieux, et il ne faut voir ici aucune récrimination contre le sort : la lutte courageuse est nécessaire et vivifiante, l'artiste prend conscience de lui-même dans la défaite et dans la solitude. Sisley continua donc, et comme il n'était pas un peintre qui se satisfait d'une manière et s'en tient à une fabrication monotone, il quitta les toiles qui viennent d'être dites pour des recherches et des réalisations autres. Et cela, non par un brusque parti-pris, très tranquillement au contraire, par des transitions peu sensibles, dont il ne s'aperçut guère lui-même. C'est ainsi qu'il passa des taches justes, des harmonies grises, à des formes plus étudiées, plus présentes, à des harmonies lumineuses, vives, enflammées. Il devint alors le peintre des rivières qui étincellent, roulent des paillettes et des feux, et des beaux ciels légers, profonds, où le rose du matin, le bleu du jour, le violet du soir, s'évanouissent, où les nuages, dans l'éther fluide, voguent comme des escadres, au large de cet infini.

Parmi tant de tableaux charmants et puissants, il est des œuvres intermédiaires, des paysages plâtreux, creux, où l'artiste n'a pas dépassé les apparences, où il a dressé le décor entrevu dans une atmosphère qui semble vide. Seulement, il faut retenir d'un pareil artiste, non ses troubles et ses défaillances, mais sa prise de possession des choses, ce qui fait de lui un être joyeux et fort, tel qu'il se révèle librement dans une toile mouvementée comme les *Bords du Loing*, où le ciel, l'eau, les berges, célèbrent une fête de l'univers, tel encore qu'il apparaît en plein équilibre, en plein vouloir, dans les beaux automnes au bord de sa chère rivière du Loing autour de sa ville de Moret.

Il quitta parfois sa retraite de Seine-et-Marne pour des excursions d'été, entraînant notre pensée vers la côte anglaise, à Cardiff, au pied de la falaise de Penath, et il nous donne alors à contempler les aspects de Lady's-Cove, Storr-Rock, Landgland Bay, des grèves où bouillonne la mousseline des vagues, des avancées rythmiques de marées, des roches parées de la richesse des végétations, des ombres transparentes projetées par la terre sur l'eau, des navires qui passent, perdus dans l'immensité. Un don de logique s'affirme toujours en lui avec l'amour de la clarté. Ces pages ne sont pas des esquisses inconscientes, fabriquées à la minute, comme le disent les simples ou les malins, qui croient ou affectent de croire que le terme d'impressionnisme ne sert à désigner que des pochades. Ce sont au contraire des pages lentes et méditées où Sisley, comme ses amis, apporta toute sa conscience et tout son savoir à conserver l'aspect frais et charmant de la première apparition où la vie universelle se résume, en chaque instant et partout à la fois.

Des années de volonté en travail, de réflexion solitaire, de création enivrante, nous sont racontées et certifiées par un tel art. Sisley a vécu de la vie désintéressée et profonde du paysagiste amoureux de nature, éloigné de la vie sociale. Et malgré les chagrins et les douleurs qu'il eut à supporter, on peut espérer qu'il eut aux heures enchantées du travail, la joie pure de l'oubli, qu'il connut la sérénité et le bonheur exprimés par son œuvre de vérité et de lumière.

Il termina, dans sa cinquante-neuvième année, après la torture d'une maladie cruelle de plusieurs mois, une existence vouée opiniâtrement à l'art et au travail. Ceux qui avaient connu l'homme, qui avaient aimé son grand talent, apprirent cette fin de Sisley avec émotion. L'artiste avait éprouvé, en même temps que ses amis du groupe impressionniste, les difficultés de la vie, et l'on peut dire de lui que s'il a connu un commencement de triomphe de sa cause, il a succombé néanmoins en pleine bataille, car il n'a guère profité de la vogue qui semblait s'annoncer pour ses tableaux, goûtés et recherchés seulement, pendant de longues années, par un petit nombre.

On pouvoit prévoir que la gloire viendrait à ces œuvres fortes et charmantes. Nous avons l'intuition, pour certains noms et certaines œuvres, qu'un classement logique se fait sous nos yeux et que rien ne saurait empêcher cette conquête de l'opinion, cette première annonce du jugement équitable de la postérité. Il en est ainsi pour Sisley. Toute

son existence fut en proie à la lutte, à l'inquiétude. Il a
été sans cesse à la peine, il n'a guère été à l'honneur. La
veille de sa mort, il connaissait les mêmes affres qu'aux
jours de ses débuts. Que dis-je ? Il n'y a ni tristesse, ni
désespoir à l'heure de l'entrée dans la vie, mais quelle
mélancolie et quelle amertume s'emparent de l'artiste
vieilli, chargé de famille, et forcé encore de résoudre
au jour le jour la terrible difficulté de vivre ! Pourquoi ne
pas dire que ce fut le sort de Sisley, qu'il le supporta avec
cet héroïsme farouche et caché qui ennoblit si mysté-
rieusement la vie des solitaires. S'il gémit et désespéra, ce
fut en secret, et pour les siens. Pour lui, ceux qui l'ont
connu tout au long de sa carrière ont porté témoignage
qu'il n'eut jamais que la préoccupation de son art, l'or-
gueil de vaincre la nature en ce combat journalier que
livre l'artiste, l'espoir qu'il aurait fixé sur ses toiles un peu
de la beauté fugitive des choses éternelles.

Cet espoir n'aura pas été trompé. Au jour où fut an-
noncée la mort de Sisley, après tant de souffrances volon-
tairement et fièrement dissimulées, les toiles possédées
par ceux qui avaient été les croyants des anciens jours
prirent soudain un prestige nouveau, et toutes celles qui
attendaient par le monde l'agio des marchands et le caprice

des amateurs furent immédiatement recherchées : le classement commençait à se faire. Alfred Sisley prenait la place qui lui était légitimement due dans la glorieuse lignée des paysagistes qui ont célébré la beauté des saisons et le charme de l'heure. Tout musée, toute galerie, qui prétendent aujourd'hui à raconter l'histoire du grand art de notre XIXe siècle, raconteraient incomplètement cette histoire, s'ils ne présentaient pas, à leur date, les peintures douces, délicates, lumineuses, qui correspondent aux divers moments de l'évolution du talent d'Alfred Sisley.

Sisley relève dès à présent de l'histoire de l'art. On le définira, comme tous les autres artistes, même les plus grands, mais il sera chez lui aux musées de l'avenir, avec un nom impossible à éluder, et des pages délicieuses, où les hommes qui ne sont pas encore nés trouveront à se réjouir et à s'émouvoir de l'une des plus fines sensibilités de notre temps.

Il a été et il restera le poète délicieux des bords des rivières, et de ces petites villes qui épanouissent leur beauté fraîche et tranquille sur les bords de la Seine et du Loing, Saint-Mammès où il habita longtemps, Moret où il est mort, où il a maintenant son monument.

31

Son renom d'artiste s'est fixé et s'est accru. Il a peint d'une manière franche et jolie, forte et délicate, l'enveloppement lumineux des choses, les feuillages des rives et des îles, les chalands amarrés à l'ombre des arbres, les maisons dressées au-dessus des berges. Il a été un peintre admirable des ciels, il a su exprimer la profondeur de l'éther et faire voguer les nuages au large de cet infini. Il est venu à son tour, avec l'amour de la nature radieuse, dire le charme, la douceur de tant de beaux paysages d'un jour, il a pris conscience de l'univers.

L'hommage unanime salue cette vie probe, fière, désintéressée. L'artiste discuté, mort méconnu, est au Luxembourg, au Louvre avec ses compagnons de lutte. Il est de la collection Caillebotte, avec des toiles délicieuses parmi lesquelles courent les barques et flottent les pavillons des *Régates*. Dans l'une des salles de la collection Camondo, un des plus beaux paysages de tous les temps, de toutes les écoles, resplendit paisiblement de beauté calme : l'*Inondation à Marly*. Les maisons dressées au bord de l'eau inexorable, tranquille et sinistre, qui se hausse lentement pour tout envahir, des rideaux aux fenêtres, une enseigne suspendue au pignon, une barque chargée de gens qui se hâtent, un aspect de bourgade qui dénonce l'abandon, le désert, la perte et la fin de tout. Au-dessus, un ciel magnifique, un des plus beaux ciels de la peinture, un ciel encore mouillé, parsemé de nuages, un ciel de déluge où l'on attend de voir passer la colombe, un rameau vert au bec, volant vers l'arche où l'attend la fortune des humains. Gloire au peintre de cette page immortelle !

TABLE DES ILLUSTRATIONS

Ces reproductions ont été obtenues d'après les
photographies de MM. Durand-Ruel a Paris.

LX PEINTURES
DE SISLEY

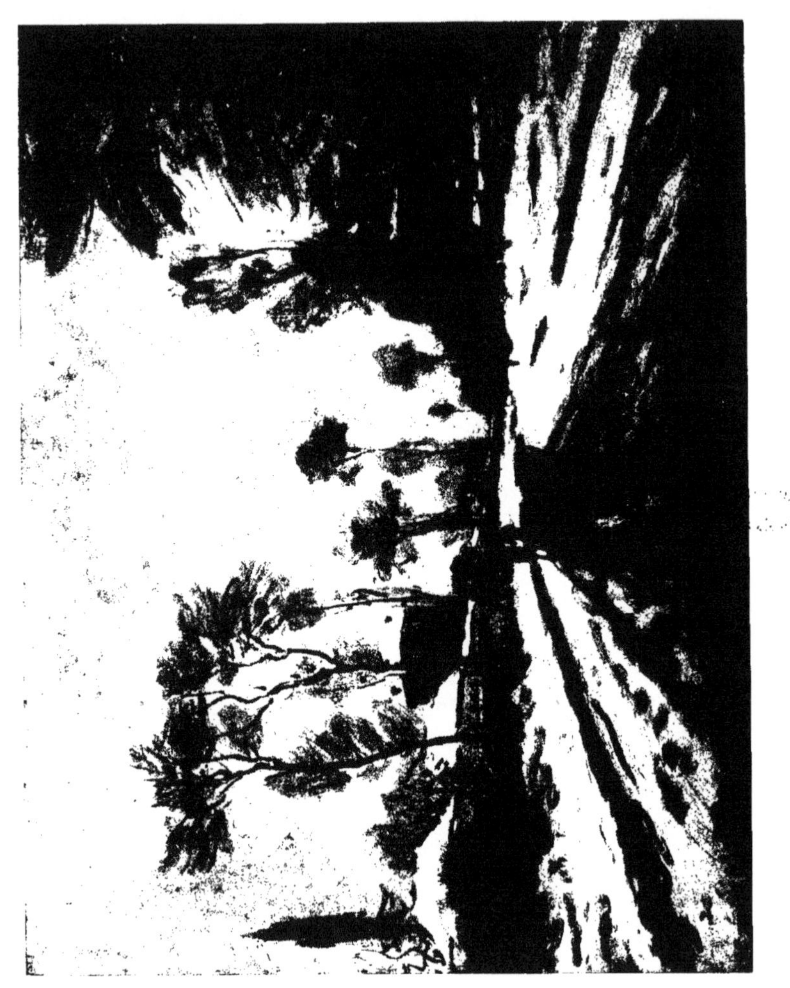

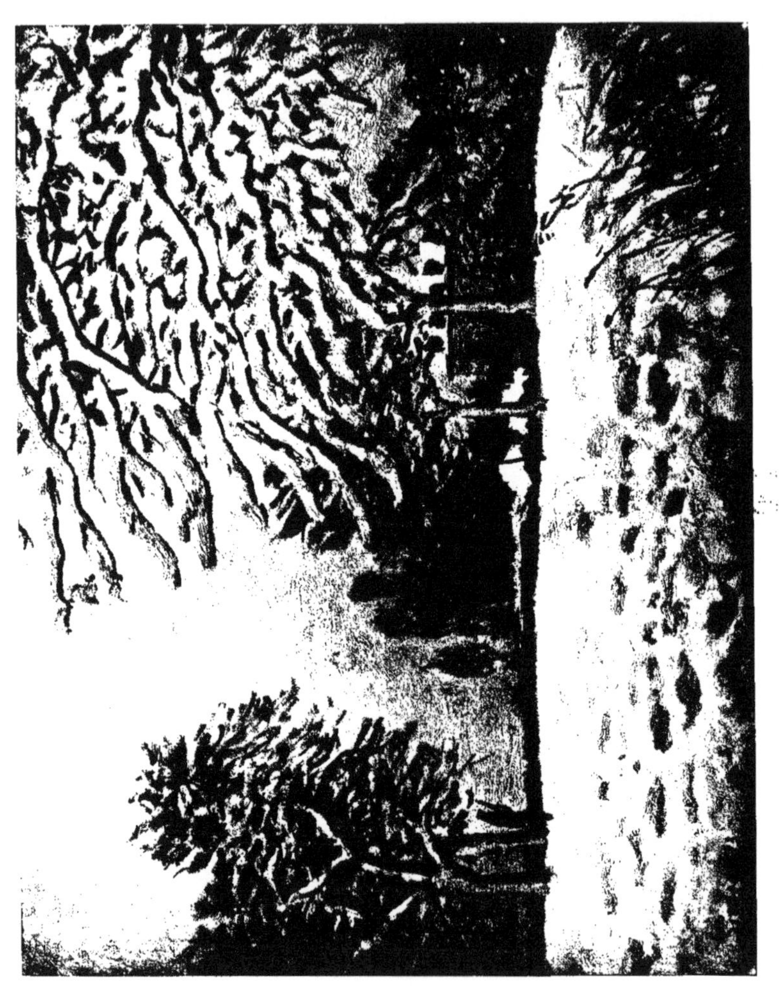

Sisley.

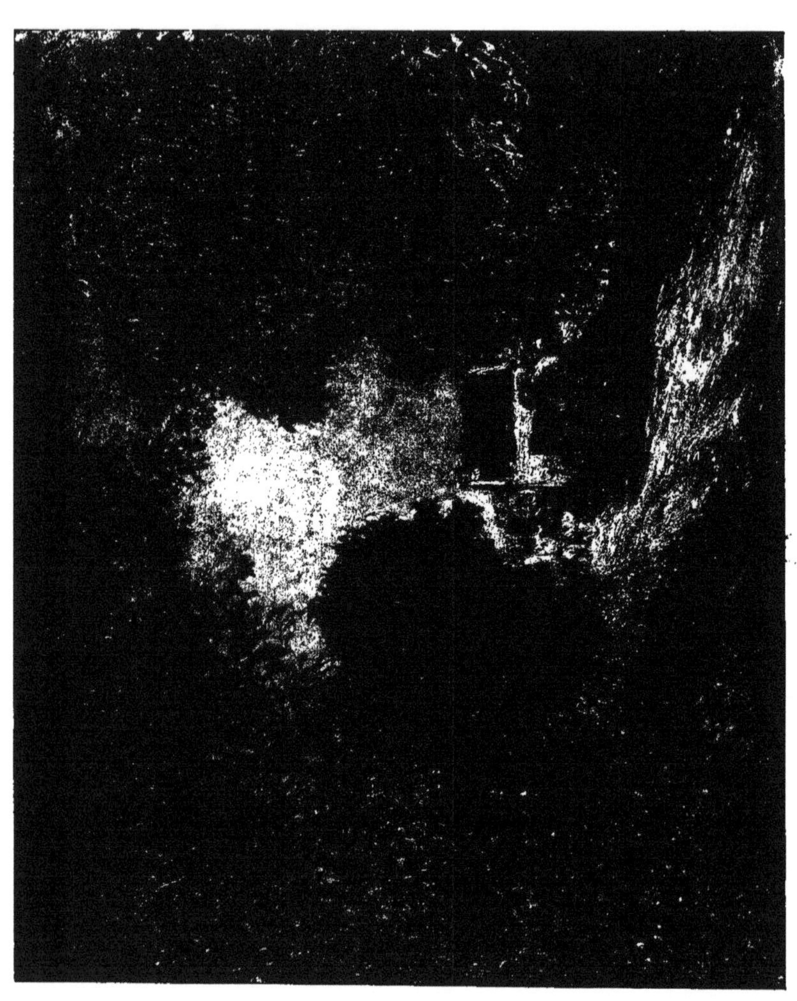

CE RECUEIL DE SOIXANTE REPRODUCTIONS EN
SIMILIGRAVURE DE MM. DEMICHEL, PLOQUIN
ET Cie A PARIS, EST SORTI DES PRESSES DE
L'IMPRIMERIE SAINTE-CATHERINE A BRUGES
(BELGIQUE) POUR LES ÉDITIONS G. CRÈS ET Cie,
21, RUE HAUTEFEUILLE, PARIS, « COLLECTION
DES CAHIERS D'AUJOURD'HUI » DIRECTEUR
GEORGE BESSON.